紙でつくる 手塚治虫 キャラクターズ

ペーパークラフトデザイン **坂 啓典**
監修 **手塚プロダクション**

集文社

はじめにお読みください
ペーパークラフトのつくりかた

記号の説明

実線 ——————— 切り取り線	点線 ･･･････････････ 山折り線
破線 − − − − − − − 谷折り線	グレーの網 のりしろ
グレーの斜線 切り抜き箇所	オレンジの点線矢印（説明図） 丸めて組み立てる部分

使う道具

カッターナイフ
直線をきれいに切り抜くには、カッターナイフが適しています。小型で握りやすいものを使いましょう。少しでも切れ味が鈍くなったと感じたら、持ち手についている器具で刃を折り、常に新しい刃先を使ってください。切れ味の悪いカッターナイフは、切り口が汚くなるだけでなく、無駄な力がかかってとても危険です。

カッティングマット
カッターナイフを使う際に台紙として使います。机の表面を守り、紙の切り口もきれいになります。また、折り筋を入れる時の下敷きとしても使用できます。お手元にない場合は、この本の最後についているボール紙を使ってください。

ハサミ
カッターナイフで切り始める前に、部品の周りをハサミでざっくりと切り取っておくと効率的に作業ができます。また、カッターナイフを使い慣れないうちは、曲線や細かい部分を切る場合はハサミの方が簡単です。

鉄筆など先のとがったもの
部品の折り線に筋を入れて、くっきりと折り目をつけるために使います。大型の文具店や手芸用品店で手に入れることができます。インクの切れたボールペンや千枚通し、芯を出していないシャープペンシルで代用することもできますが、あまりとがったものだと紙を破ってしまうので注意してください。

定規
カッターナイフで切ったり、鉄筆で折り筋をつける時に使います。20センチ程度のものが便利です。慣れないうちはカッターナイフの刃で定規を傷つけてしまうことがあるので、スチール製のものやエッジが金属で覆われているものを使った方が良いでしょう。

接着剤
水性の木工用接着剤や工作用接着剤（白くて乾くと透明になるもの）を使います。瞬間接着剤やスティックのりは、ペーパークラフトには不向きです。

ピンセット
細かい部品や指の届きにくい部分の組み立てに使います。先の曲がったものと平たいものが1本ずつあるととても便利です。

つまようじ
のりづけの際に"へら"として使います。接着剤が固まると使いにくくなるので、何本か用意しておきましょう。

※刃物や接着剤など、道具の扱いには充分にご注意ください。

作り方のコツ

紙を切って折って貼るだけ。特別な技術がなくても気軽に楽しむことができるのがペーパークラフトの魅力ですが、道具の使い方のちょっとしたコツを知っておくと、作業がグンと楽になって仕上がりもきれいになります。また、身近な道具を利用して自分で工夫するのもペーパークラフトの楽しみの一つ。いろいろ試しながらゆっくりじっくり取り組んでください。上手に作る一番のコツは、決して急がないことです。

切る

展開図のページをゆっくり引っぱって本の背からはずします。はずれにくい場合は、ハサミで切りとってください。部品の周りをざっくりと切り抜いた後、カッターナイフを使い、直線部分は定規をあてて、曲線部分はフリーハンドで慎重に切り抜きます。慣れないうちは、誤って切ってしまわないように、部品を覆うように定規をあてて切ります。一度にたくさんの部品を切り抜く場合は、混同しないように部品の裏に鉛筆で薄く番号をひかえておきましょう。

折る

ボール紙やカッターマットなど、少し弾力のある台紙の上で、鉄筆と定規を使い、まっすぐに線を引く要領で折り筋をつけます。適度な力できれいに折れ曲がるように、力の入れ加減やなぞる回数を調整してください。少し面倒ですが、折り線の両端を鉄筆で突いて目印をつけた後、紙の裏側から折り筋を入れると、紙の表面を傷つけず、よりきれいに折り曲げることができます。1つの部品の折り曲げ箇所は、組み立てに移る前にすべて折り筋をつけ、一度しっかりと折り曲げておきましょう。

丸める

この本のペーパークラフトには、丸めて組み立てる箇所がたくさん出てきます。組立説明図でオレンジ色の矢印が入っている部分は、のりづけに移る前に"丸めクセ"をつけておくと、簡単にきれいに組み立てることができます。小さな部品はペンなどに巻きつけて、大きな部品は下の図のように、紙を定規でしごいて"丸めクセ"をつけます。丸める向きによって表裏を使い分けてください。力を入れすぎて紙を破らないよう注意しましょう。

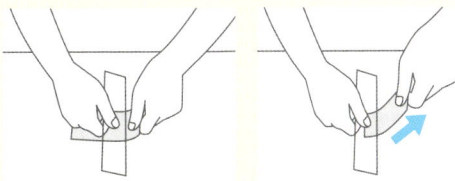
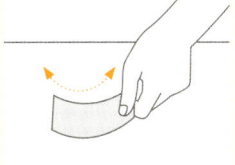

1 きれいな台紙の上に部品をのせ、定規のエッジで軽く押さえます。

2 定規に軽く力を入れながら、部品をななめ上にゆっくり引き抜きます。

3 1・2を何度かくり返すと、しごいた面が内向きに丸まります。

貼る

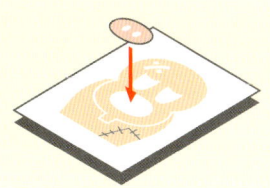

部品によっては、のりづけの順番によって組み立てやすさが違ってきます。一度全体を仮組みし、作業の順番を想定してからのりづけに移ってください。接着剤は容器から直接のりしろにつけず、紙の切れはしなどに一度出してから、つまようじを使って薄くムラなく塗ります。一つ一つののりしろをしっかり乾かしてから次に移ってください。手はこまめに洗って常にきれいにしておきましょう。

3

レオ

難易度 ★★★★★

ジャングルの王者・パンジャの息子。真っ白な毛並みは父親ゆずり。一時人間社会で暮らした経験があり、ジャングルにも人間の文化を取り入れる。人語を喋ることも出来る。信頼が厚く、動物と人間の仲を上手に取り持つ知恵者。

漫画『ジャングル大帝』は、手塚作品で最初の大河ロマンと言える長編ドラマで、1950年から1954年にかけて描かれた。レオの生涯を中心に、多くの動物や人間の運命の変転が楽しく力強く描かれている。1965年に日本初連続カラーTVアニメーションとして放映された記念すべき作品。

A 顔を組み立てます。曲線にそって、のりしろ1箇所ずつ、ていねいにのりづけしてください。
あごは、忘れずに切り込んでおいてください。

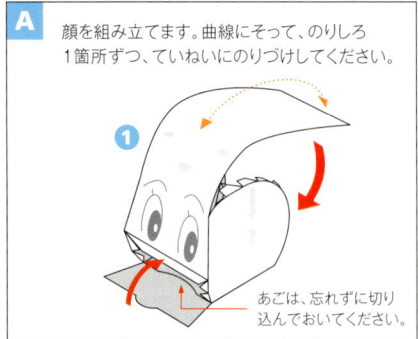

B タックをよせるように、前髪をのりづけします。

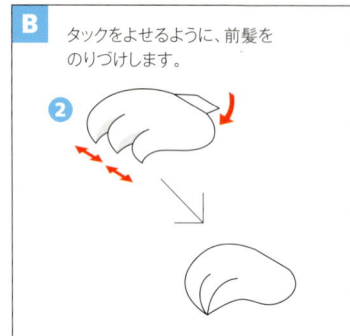

C 前髪は、のりしろに加えて、紙の切り口に少量の接着剤をつけて、頭のラインにそうようにのりづけします。

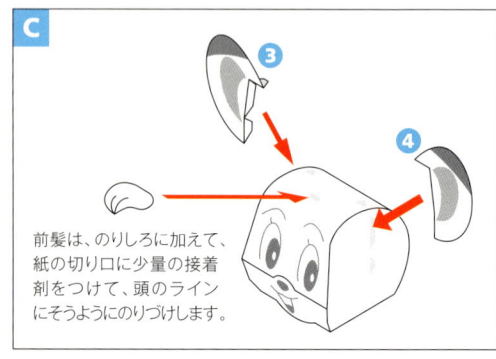

D 胴体を組み立てます。

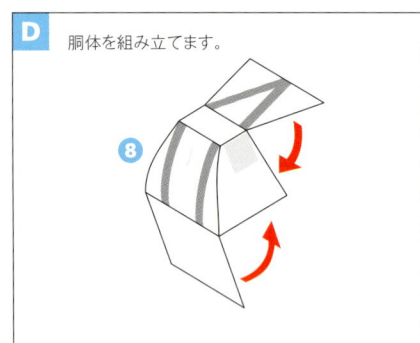

E 両腕を組み立てます。右腕は、手のひらを貼りつける向きに注意してください。
右腕　左腕
腕の太くなっている端に、手のひらの裏側を貼りつけます。

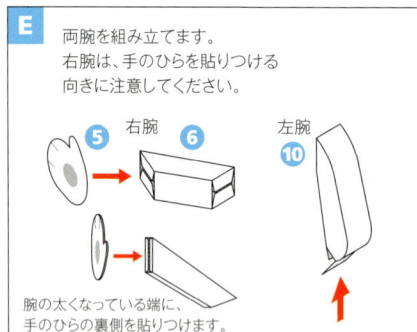

F 両腕と胸の房毛を胴体に貼りつけます。
房毛は、先を軽く貼り合わせておきます。

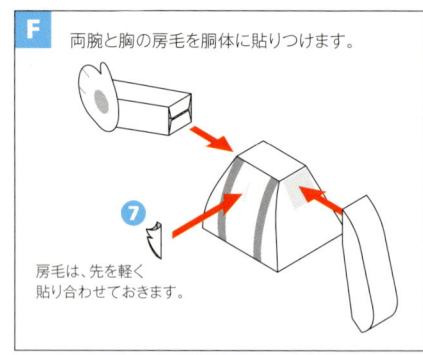

G 半ズボンを組み立てます。上の穴から指を差し込んで、のりしろを押さえます。
3つのボタンの上半分は、忘れずに切り込んでおいてください。

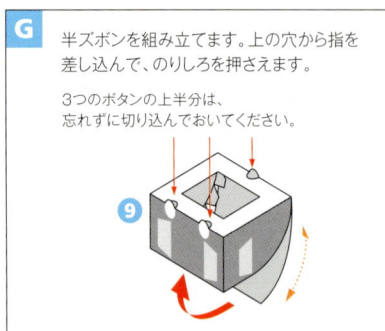

H 両足を組み立てます。

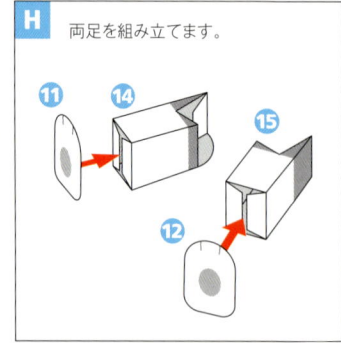

I 両足を半ズボンに貼りつけます。

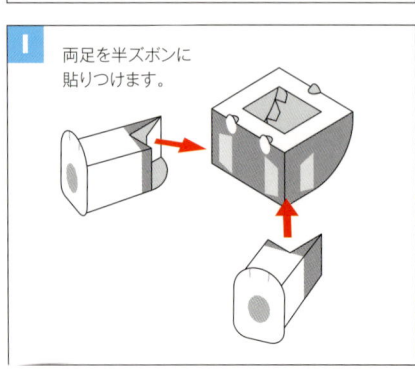

J シッポを貼りつけます。
谷折り
シッポの先は、2つ折りにして貼り合わせます。

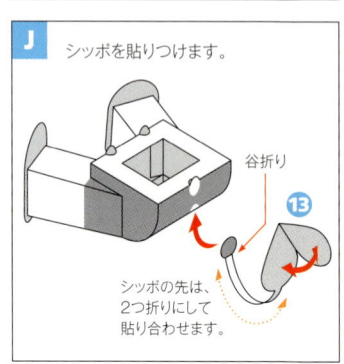

K 顔と上半身、下半身を組み合わせて完成です。

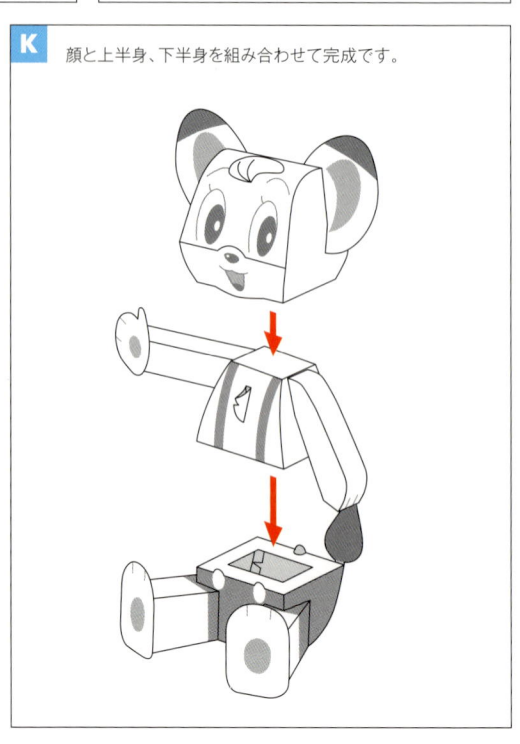

ピノコ

難易度 ★★★☆☆

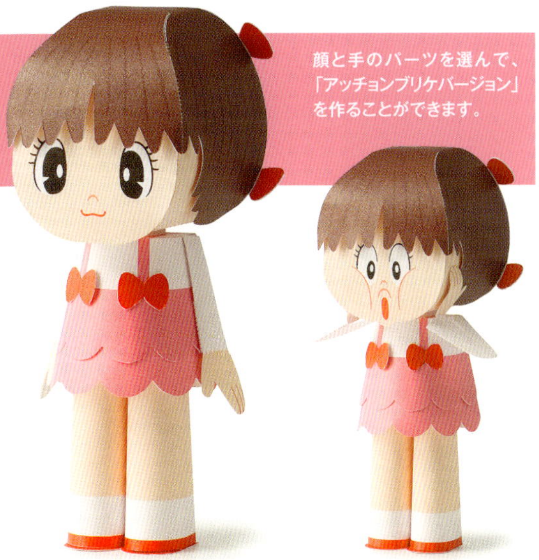

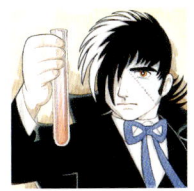

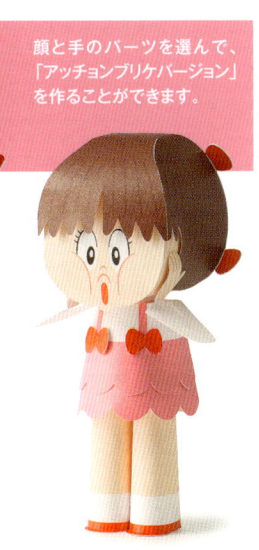

顔と手のパーツを選んで、
「アッチョンブリケバージョン」
を作ることができます。

見た目は子供だが心は18歳。常にブラック·ジャックの傍らに寄添っていることが幸せな、自称“オクタン”。性格はわがままで気性が荒いが、時に優秀な助手として活躍することも。舌足らずな喋り方が特徴で、口癖は「アッチョンブリケ」。

漫画『ブラック·ジャック』は、1973年から1983年にかけて描かれた、生命を巡るヒューマンドラマ。法外な治療費を請求する孤高の無免許天才外科医ブラック·ジャックの活躍は、手塚作品の中でも特に支持が高く、近年でも実写ドラマ、TVアニメーション、劇場映画化されている。

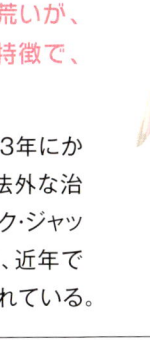

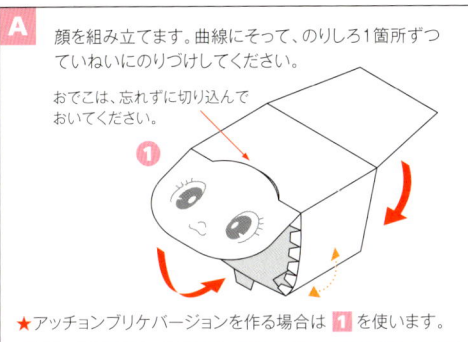

A 顔を組み立てます。曲線にそって、のりしろ1箇所ずつていねいにのりづけしてください。

おでこは、忘れずに切り込んでおいてください。
1

★アッチョンブリケバージョンを作る場合は 1 を使います。

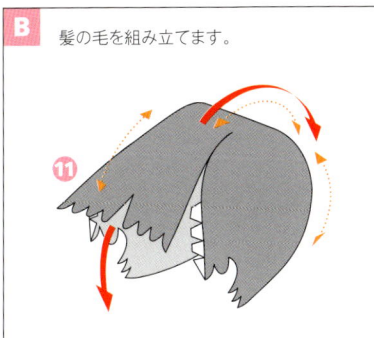

B 髪の毛を組み立てます。

11

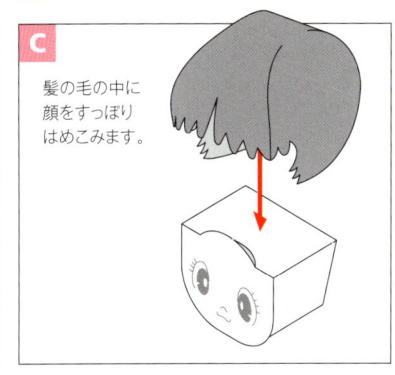

C 髪の毛の中に顔をすっぽりはめこみます。

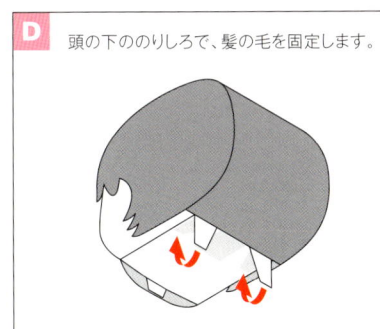

D 頭の下ののりしろで、髪の毛を固定します。

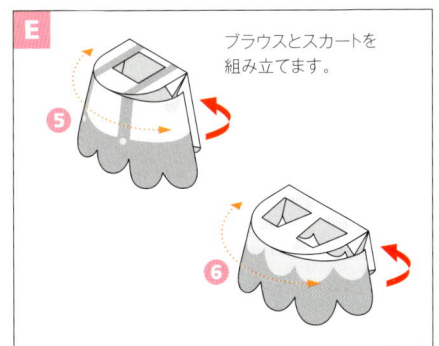

E ブラウスとスカートを組み立てます。

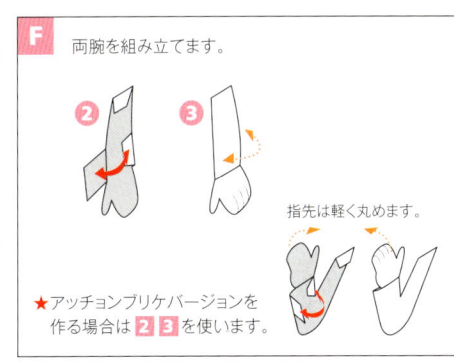

5
6

F 両腕を組み立てます。

2
3
指先は軽く丸めます。

★アッチョンブリケバージョンを作る場合は 2 3 を使います。

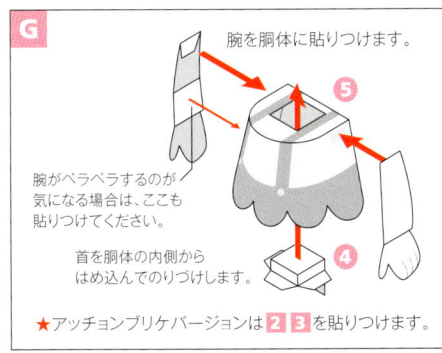

G 腕を胴体に貼りつけます。

5
腕がペラペラするのが気になる場合は、ここも貼りつけてください。
首を胴体の内側からはめ込んでのりづけします。
4

★アッチョンブリケバージョンは 2 3 を貼りつけます。

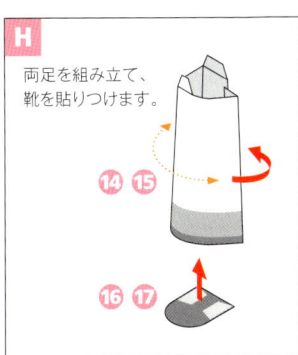

H 両足を組み立て、靴を貼りつけます。

14 15
16 17

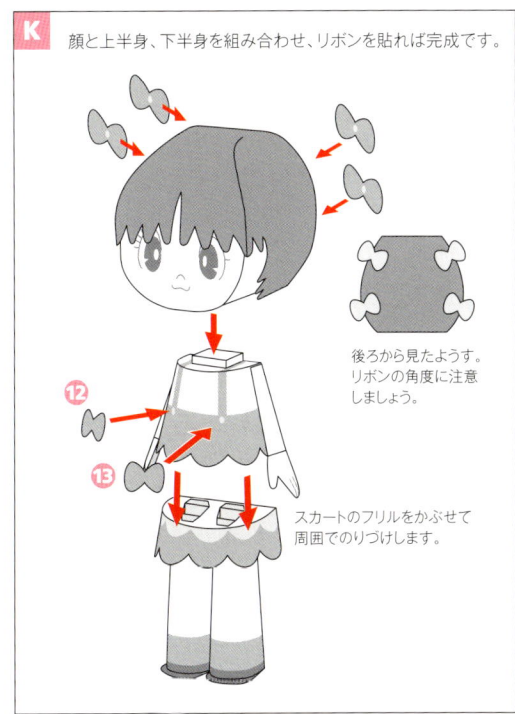

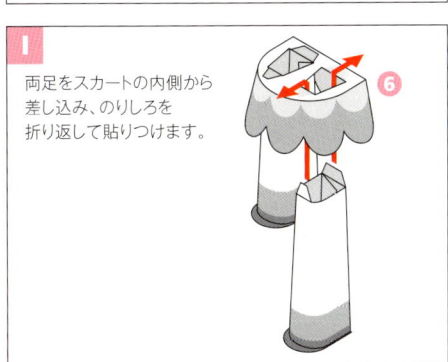

I 両足をスカートの内側から差し込み、のりしろを折り返して貼りつけます。

6

J 髪につけるリボン4つは、2つ折りにして貼り合わせてから切り抜きます。

7 8 9 10

K 顔と上半身、下半身を組み合わせ、リボンを貼れば完成です。

後ろから見たようす。リボンの角度に注意しましょう。
12
13
スカートのフリルをかぶせて周囲でのりづけします。

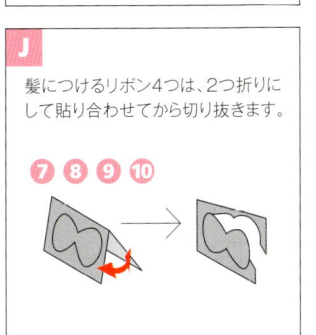

火の鳥

難易度 ★★★★★

時間と空間を超越し、人類と地球の歴史を見守り続ける不死鳥。体が火のように熱く燃えていることから、火の鳥と呼ばれている。この鳥の血を飲んだ者は永遠の命が得られると言われ、多くの人間が絶えず求め争い続ける。

漫画『火の鳥』は、1967年から1988年にかけて描かれた、12編に亘る壮大な歴史ドラマ。永遠の生命・火の鳥を軸に、古代から未来、そして無限な時空の中で繰り広げられる人間模様が描かれている。手塚治虫自身が『ジャングル大帝』と共にライフワークと認めた作品。

A 顔を組み立てます。曲線にそって、のりしろ1箇所ずつ、ていねいにのりづけしてください。

B とさかとくちばしを組み立て、顔に取りつけます。

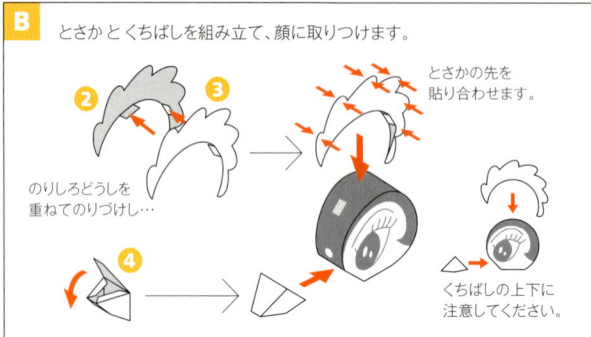

のりしろどうしを重ねてのりづけし…

とさかの先を貼り合わせます。

くちばしの上下に注意してください。

C 首を組み立てます。

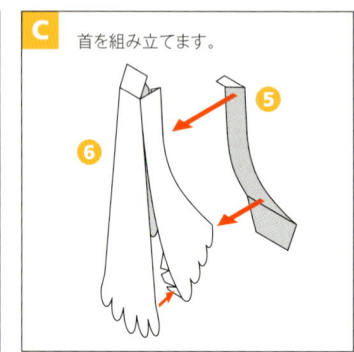

D 胴体を組み立てます。

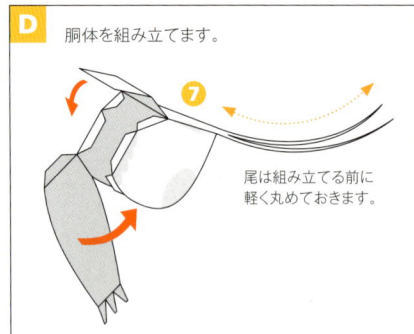

尾は組み立てる前に軽く丸めておきます。

E のりしろに重ねて、左右、中央の順に3枚の尾を貼りつけます。

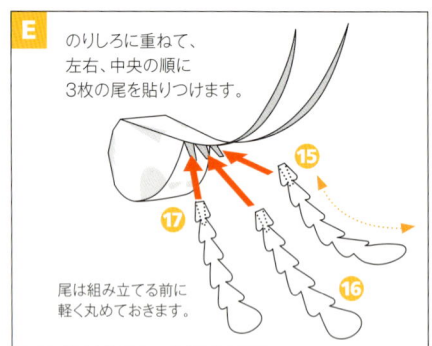

尾は組み立てる前に軽く丸めておきます。

F 首を胴体に貼りつけます。

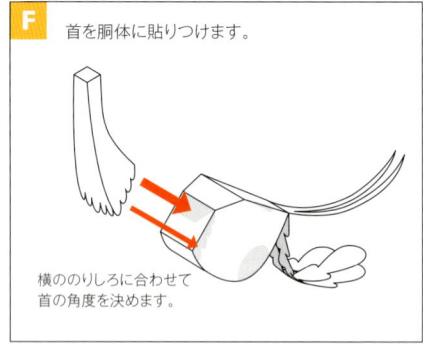

横ののりしろに合わせて首の角度を決めます。

G 脚を組み立てて…　太ももに取りつけます。

内側でのりづけします。

取りつける向きに注意してください。

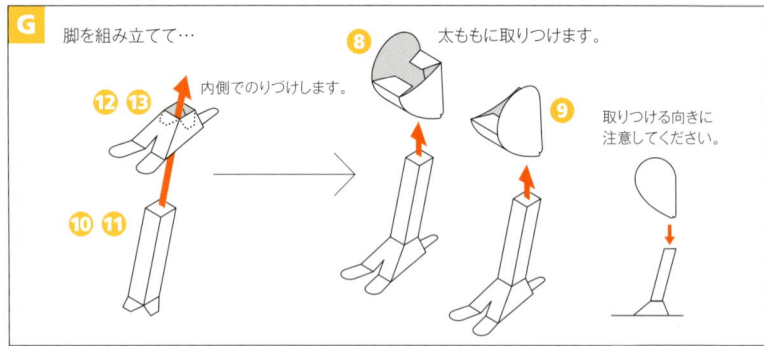

H 羽根を組み立てます。断面図をよく見て、ふくらみの向き（上下で逆向き）に注意してください。

タックをよせるようにのりづけし、羽根のふくらみを出します。

羽根の上下をのりしろで貼り合わせます。

羽根の周囲を貼り合わせます。

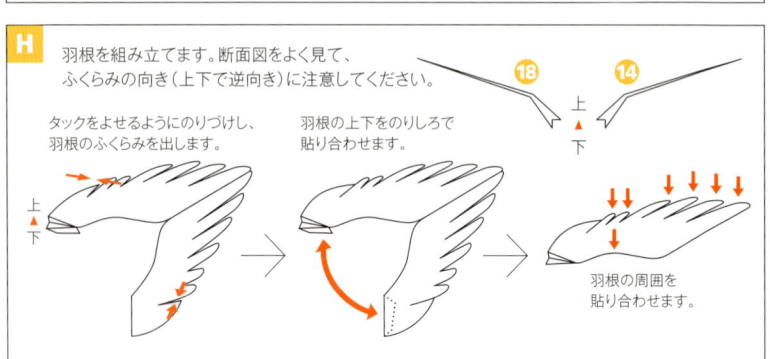

I 顔と羽根、脚を組み合わせて完成です。
顔は、正面か横向き、好きな方向に取りつけてください。

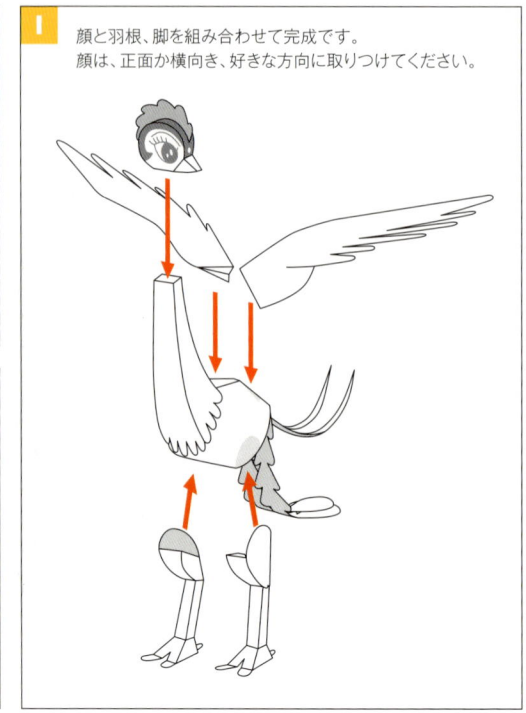

アトム

難易度 ★★★★★

2003年4月7日、高田馬場の科学省で誕生した10万馬力のスーパーロボット。普段は人間の子供たちと同じ学校に通っているが、事件が起これば7つの力を使って大活躍をする。心が優しく正義感が強いが、人間とロボットが上手く共存できないことに対して思い悩む繊細な一面もある。

漫画『鉄腕アトム』は、1952年から1968年にかけて描かれた、ロボット少年・アトムが未来の世界を舞台に活躍するSFヒーロー作品。1963年に日本初国産TVアニメーションシリーズとして放映され、その後も2度リメイクされている。

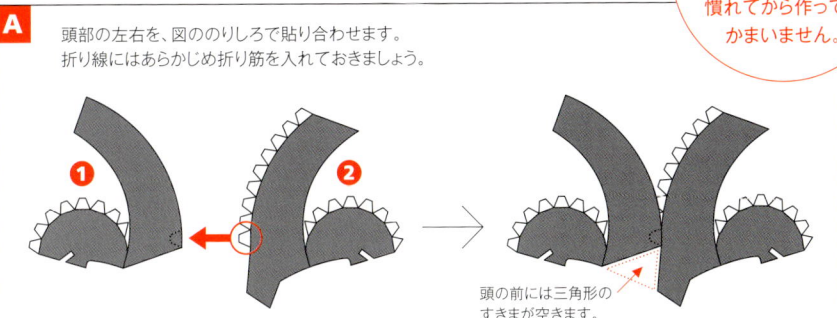

頭部と顔は特に難しいので、胴体や下半身を先に作り、組み立てに慣れてから作ってもかまいません。

A 頭部の左右を、図ののりしろで貼り合わせます。折り線にはあらかじめ折り筋を入れておきましょう。

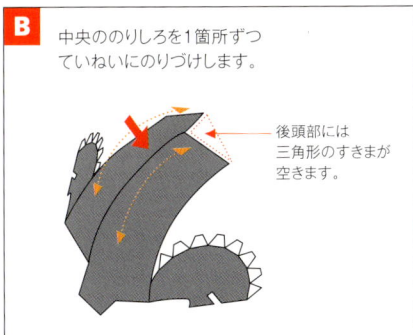

頭の前には三角形のすきまが空きます。

B 中央ののりしろを1箇所ずつていねいにのりづけします。

後頭部には三角形のすきまが空きます。

C 左右ののりしろを1箇所ずつのりづけします。

D 前後のツノを組み立てます。

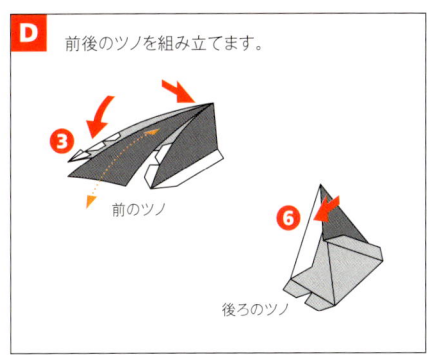

前のツノ / 後ろのツノ

E 前のツノを、頭部の内側からぴったりはめ込み、のりづけします。

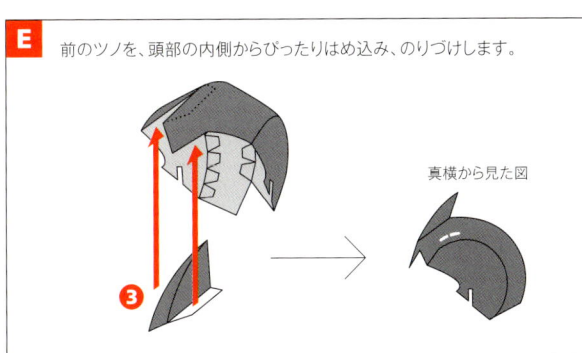

真横から見た図

F 後ろのツノを、頭部の内側からぴったりはめ込み、のりづけします。

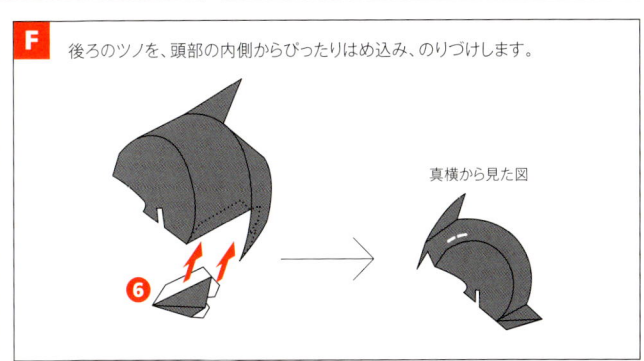

真横から見た図

G 顔を組み立てます。

最初に、鼻を外側に折り返しておきます。　アイウの順に、のりしろを1箇所ずつ乾かしながらのりづけします。　紙の切り口に少しだけ接着剤をつけ、鼻を閉じて固定します。

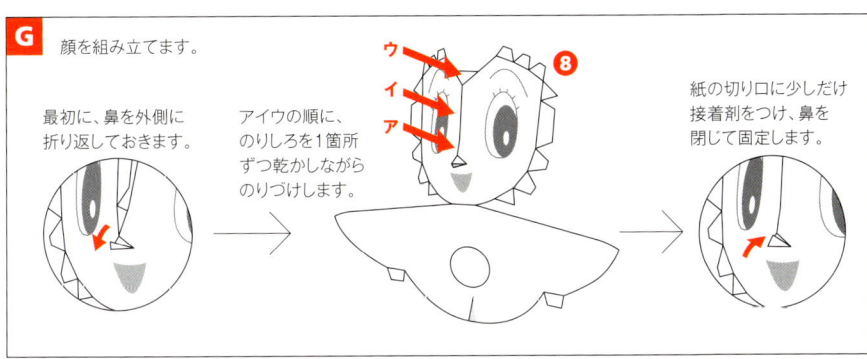

H 左右のほおを、のりしろ1箇所ずつていねいにのりづけします。

7

アトム

I 首を組み立て、顔の内側から
差し込んでのりづけします。

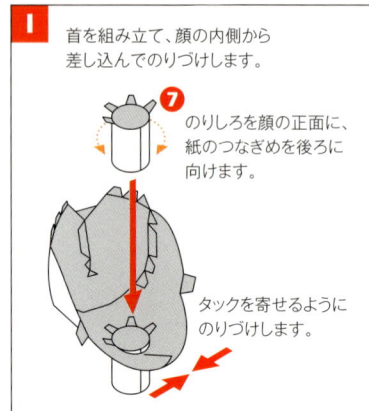

7
のりしろを顔の正面に、
紙のつなぎめを後ろに
向けます。
タックを寄せるように
のりづけします。

J 頭を顔にかぶせ、おでこののりしろで固定します。
一番難しい部分ですので、慎重に作業してください。

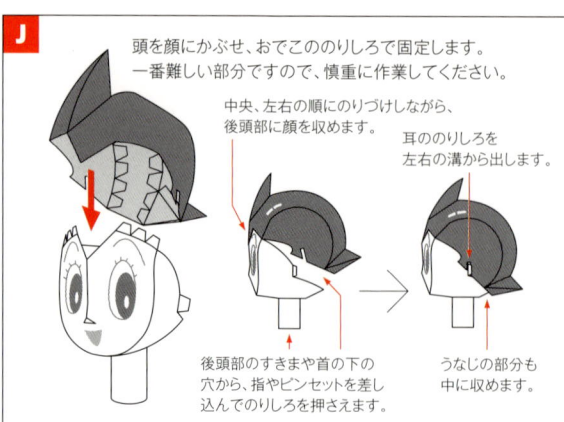

中央、左右の順にのりづけしながら、
後頭部に顔を収めます。
耳ののりしろを
左右の溝から出します。
後頭部のすきまや首の下の
穴から、指やピンセットを差し
込んでのりしろを押さえます。
うなじの部分も
中に収めます。

K 左右の耳を取りつけます。
2つに折って、のりしろを
はさんでのりづけします。

5
4

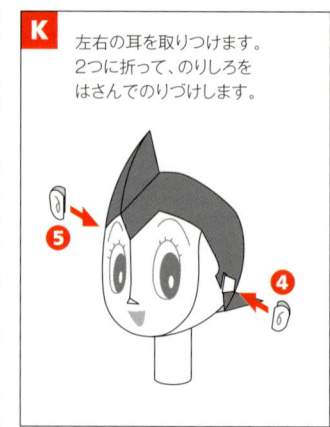

L 腕のパーツをそれぞれ組み立てます。
左右が混ざらないよう、番号をひかえておきましょう。

11 12
13 14
15 16
親指は最後に閉じて
軽くのりづけします。

M 番号に注意して、左右の腕を組み立てます。
図は左腕の組み立てのようすです。

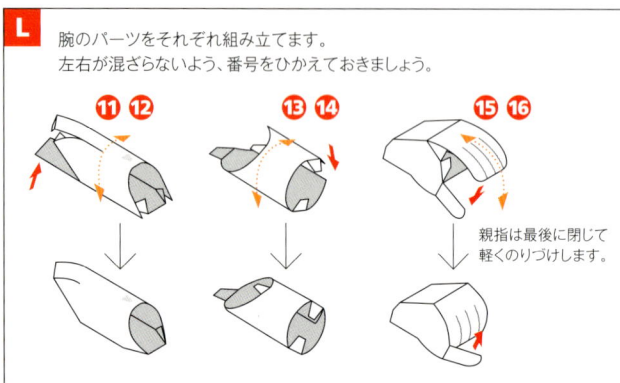

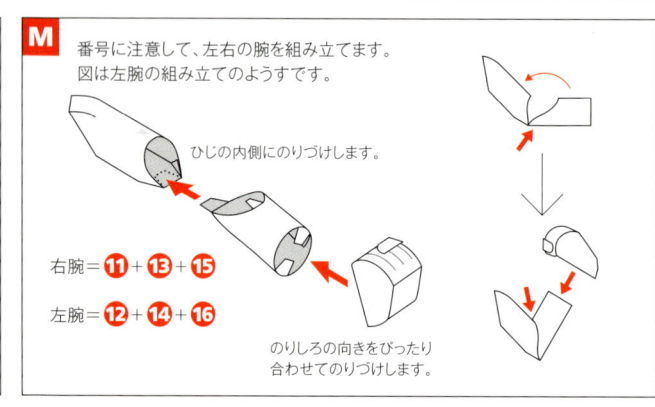

ひじの内側にのりづけします。
右腕＝11＋13＋15
左腕＝12＋14＋16
のりしろの向きをぴったり
合わせてのりづけします。

N 箱を組み立てて、紙の裏側にのりづけします。
穴の縁にかからないよう注意してください。

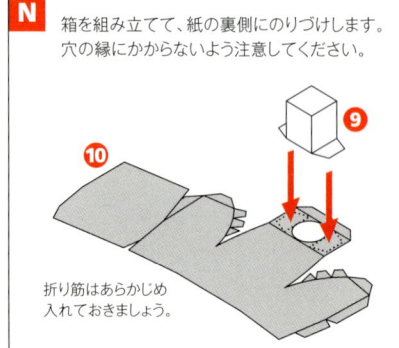

9
10
折り筋はあらかじめ
入れておきましょう。

O 箱をとじ込むように胴体を組み立てます。

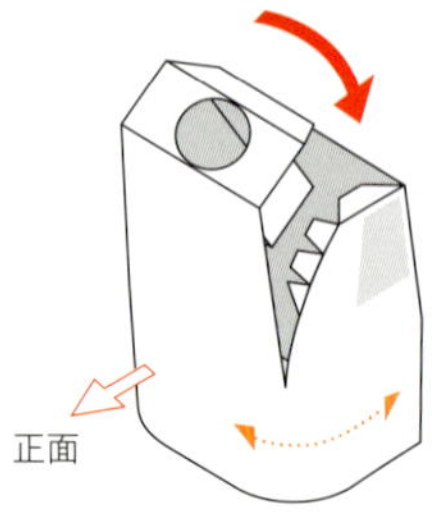

正面

P 胴体に両腕を貼りつけます。

右腕
正面
左腕

Q パンツを組み立てます。

17
おしりも軽く
丸めておきます。

R 足のパーツをそれぞれ組み立てます。
左右が混ざらないよう、番号をひかえておきましょう。

右足
左足
20
21
24
25
22
23
曲線にそって、のりしろ
1箇所ずつ、ていねいに
のりづけしてください。
24＋22
25＋23

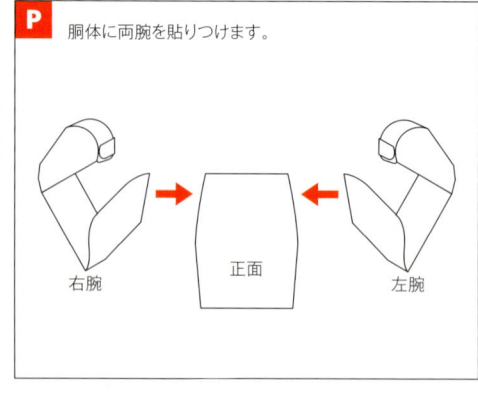

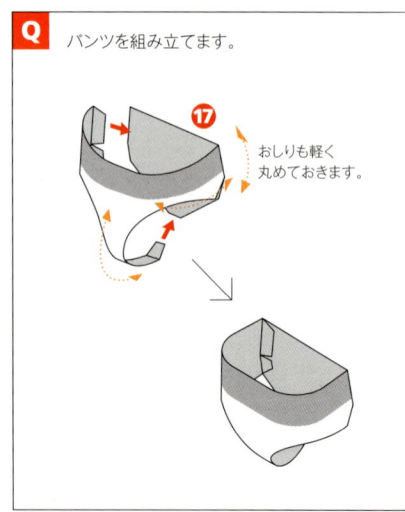

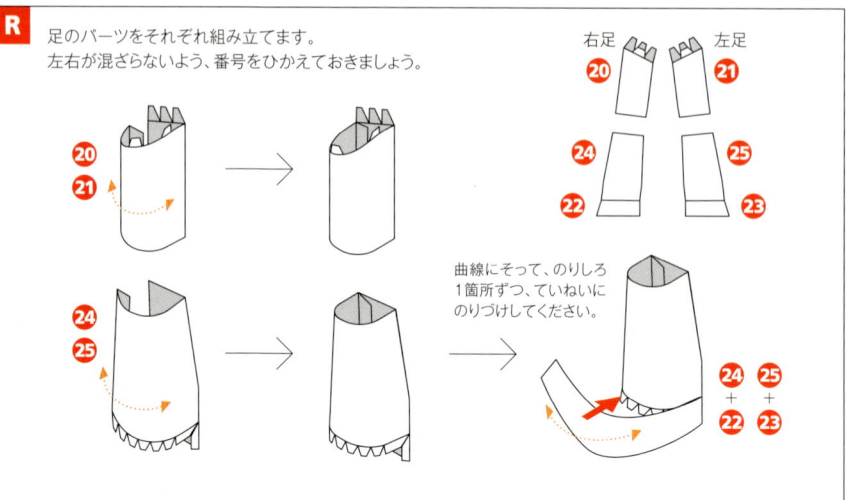

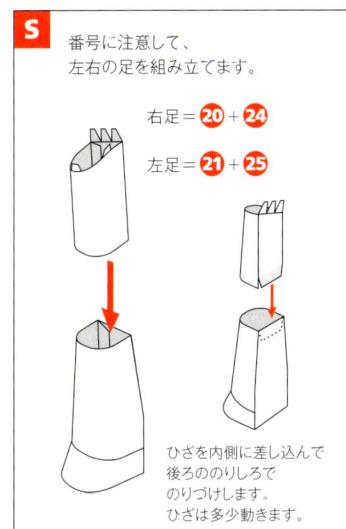

S 番号に注意して、左右の足を組み立てます。
右足＝20＋24
左足＝21＋25
ひざを内側に差し込んで後ろののりしろでのりづけします。
ひざは多少動きます。

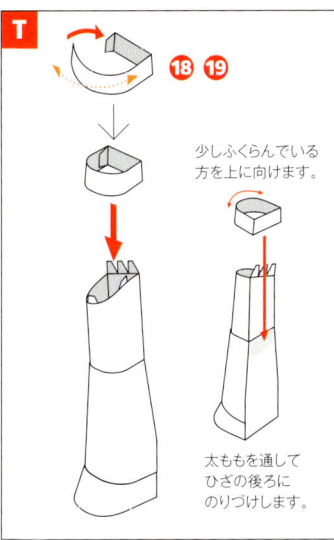

T 18 19
少しふくらんでいる方を上に向けます。
太ももを通してひざの後ろにのりづけします。

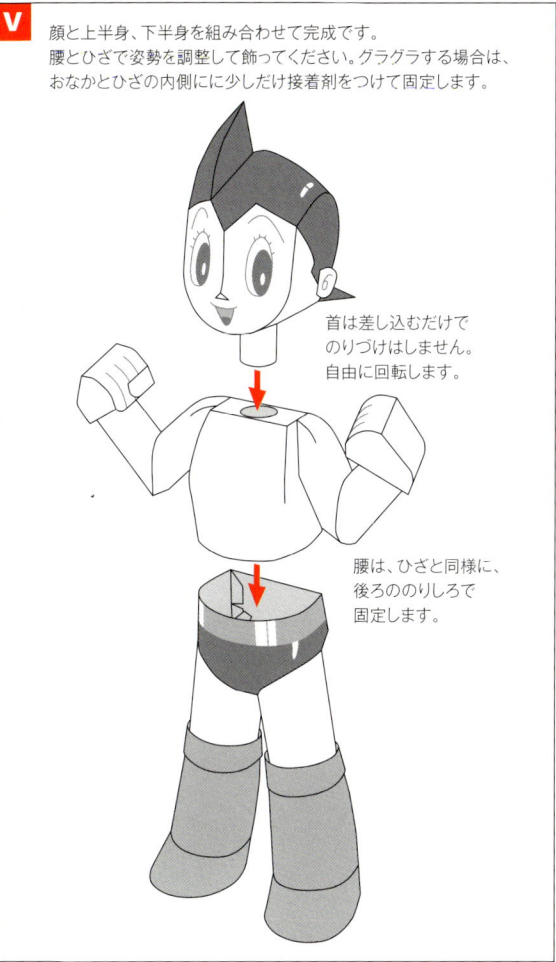

V 顔と上半身、下半身を組み合わせて完成です。
腰とひざで姿勢を調整して飾ってください。グラグラする場合は、おなかとひざの内側にに少しだけ接着剤をつけて固定します。

首は差し込むだけでのりづけはしません。自由に回転します。

腰は、ひざと同様に、後ろののりしろで固定します。

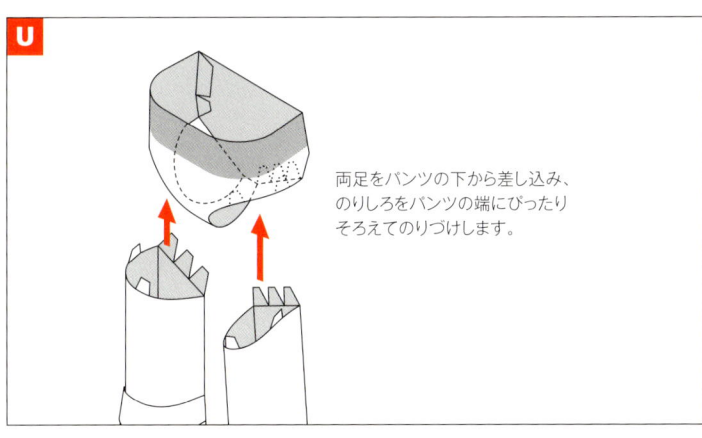

U 両足をパンツの下から差し込み、のりしろをパンツの端にぴったりそろえてのりづけします。

ヒョウタンツギ
難易度 ★☆☆☆☆

手塚治虫漫画に頻繁に登場する神出鬼没なギャグ的キャラクター。シリアスな場面にも登場し、場を和ませる。見た目は、ブタ鼻・ヒョウタン形の顔・多数のツギハギが特徴。実は茸の一種であり、スープにして食すると美味しいらしい。口からガスを噴射することもある不思議な生物。

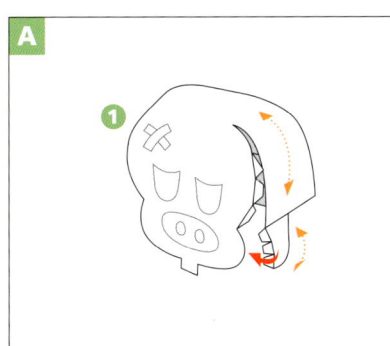

A ①

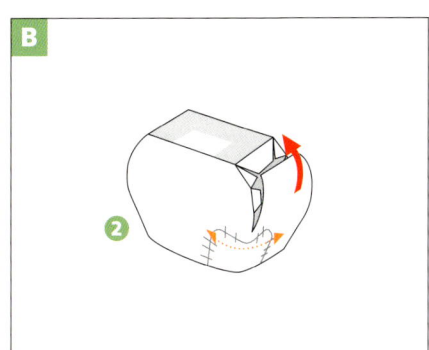

B ②

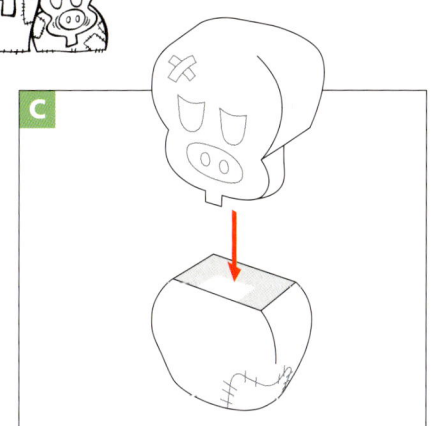

C

9

紙でつくる手塚治虫キャラクターズ

2008年、手塚治虫がこの世に生を受けてから丁度80年を迎えます。手塚プロダクションでは、手塚治虫生誕80周年を機に、第一次漫画世代の方々をはじめ、多くの皆様に手塚漫画を読んでいただくための、きっかけ作りを考えております。"紙から起き上がったキャラクターたち"をコンセプトに、「紙でつくる手塚治虫キャラクターズ」は誕生しました。

手塚治虫マガジン公式サイト
http://tezukaosamumagazine.jp/

2007年7月20日 初版第1刷発行

ペーパークラフトデザイン
坂 啓典

監修
手塚プロダクション
url : http://www.tezuka.co.jp/

発行者
古関喜朗

発行所
株式会社 集文社
〒101-0064
東京都千代田区猿楽町1-5-9
tel : 03-3295-5700(代)
fax : 03-3219-6296
e-mail : master@shubunsha.net
url : http://www.shubunsha.net/

ブックデザイン
坂 啓典・枡川浩平

撮影
古橋マミ子(タマキフォトス)

印刷・製本
株式会社 磐城印刷

©TEZUKA PRODUCTIONS
design copyright ©Keisuke Saka

ISBN978-4-7851-0314-9

乱丁本・落丁本はお取り替えいたします。本書の一部あるいは全部について著作者から文書による承諾を得ずいかなる方法においても無断で転写・複写・複製することは固く禁じられております。

手塚治虫が描いた膨大な作品。そこには1000を超える個性豊かなキャラクターたちが登場します。手塚治虫の夢から生まれた彼らは、物語の中で、使命感に燃えていたり、自由きままだったり、奇想天外だったり…その作品とともに育まれてきました。

今回は、この愛しい手塚キャラクターたちを、一風変わったカタチでご紹介します。それはペーパークラフト…一枚の紙をチョキチョキ。手塚治虫が一枚の紙・一本のペンで創作したキャラクターたちを、みなさんの手でつくりあげてください。

出来上がったキャラクターたちが部屋のどこかに飾られ、いつまでも可愛がっていただけたら幸いです。時には暖かく語りかけてください。

人が人のことや地球のこと、世界のことを少しでも思ったりするとき、そこに、手塚治虫はたしかに生きています。これからも、ずっと。

株式会社 手塚プロダクション

手塚治虫（てづか おさむ）

本名、手塚治。1928年(昭和3年)11月3日、大阪府豊中市に生まれ、兵庫県宝塚市で育つ。大阪大学医学専門部卒業、医学博士。日本を代表する漫画家であり、アニメーション作家。1946年1月「マアチャンの日記帳」(『少国民新聞』、現在の『毎日小学生新聞』)でデビュー。代表作に「鉄腕アトム」「火の鳥」「ジャングル大帝」「ブラック・ジャック」「リボンの騎士」「三つ目がとおる」「ブッダ」「アドルフに告ぐ」等、数多くの作品がある。

坂 啓典（さか けいすけ）
ペーパーエンジニア／グラフィックデザイナー

1965年生まれ。小学5年生の頃「火の鳥 黎明編」を読み、天と地がひっくり返ったような衝撃を受ける。作品そのものもさることながら、一人の人間の頭脳と手によって、このような物語世界が生み出され描かれたという事実に感動し、これをきっかけに、将来は自分の手を動かして何かを作り出す職業に就きたいと漠然と思い始める。卒業文集に書いた将来の夢"漫画家"は、画力と持久力のなさからあっさり断念。紆余曲折を経てグラフィックデザインの道に進む。グラフィックデザイナーとして独立した20代の後半より、本業のかたわらペーパークラフトの制作を始め、2000年よりペーパーエンジニアとしての活動を本格的に開始。現在は市販キットのデザインに加え、広告、Webコンテンツ、雑誌付録、絵本などの分野で活動中。

ホームページ[紙工房]▶www.zuko.to/kobo/

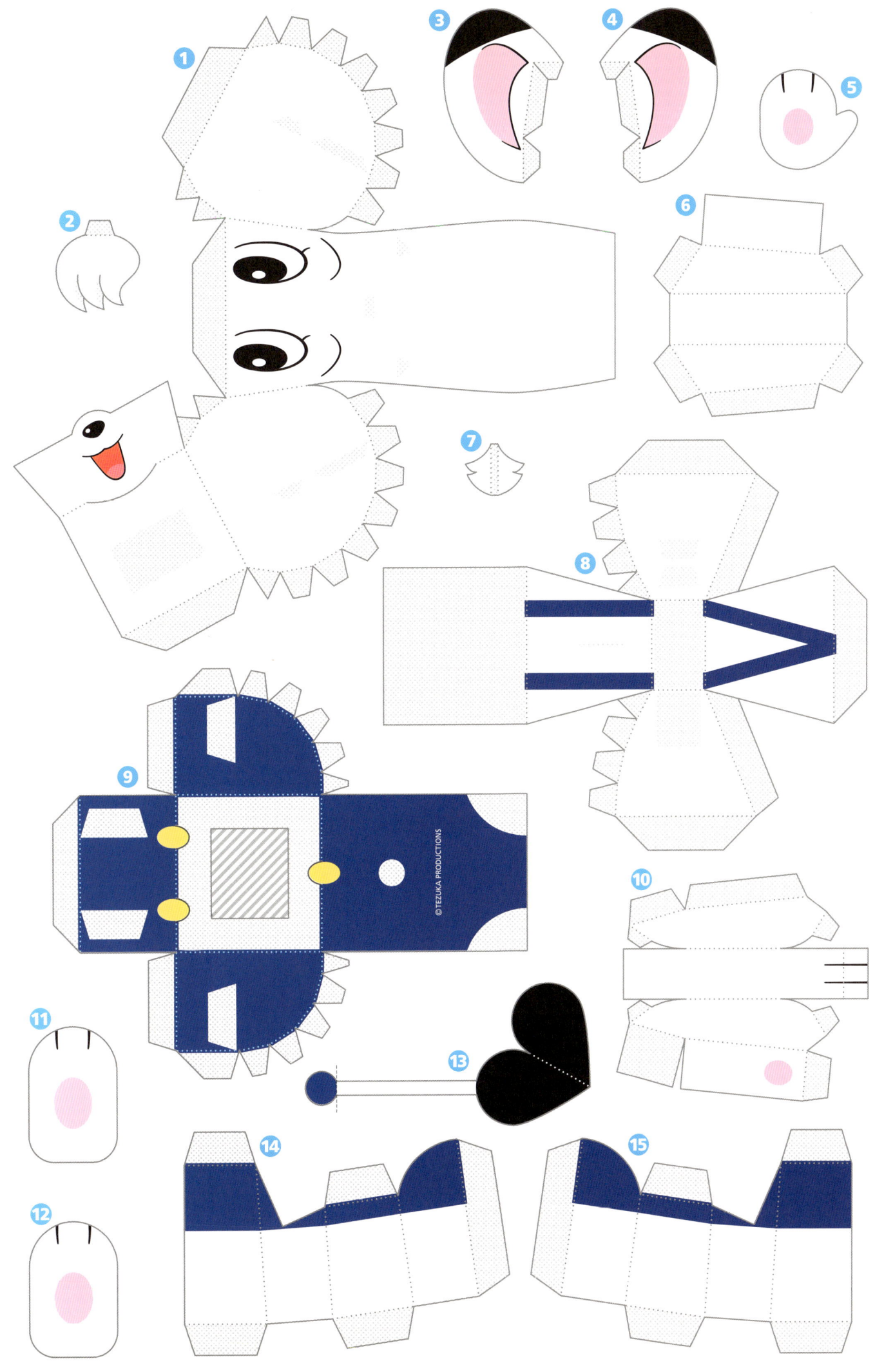

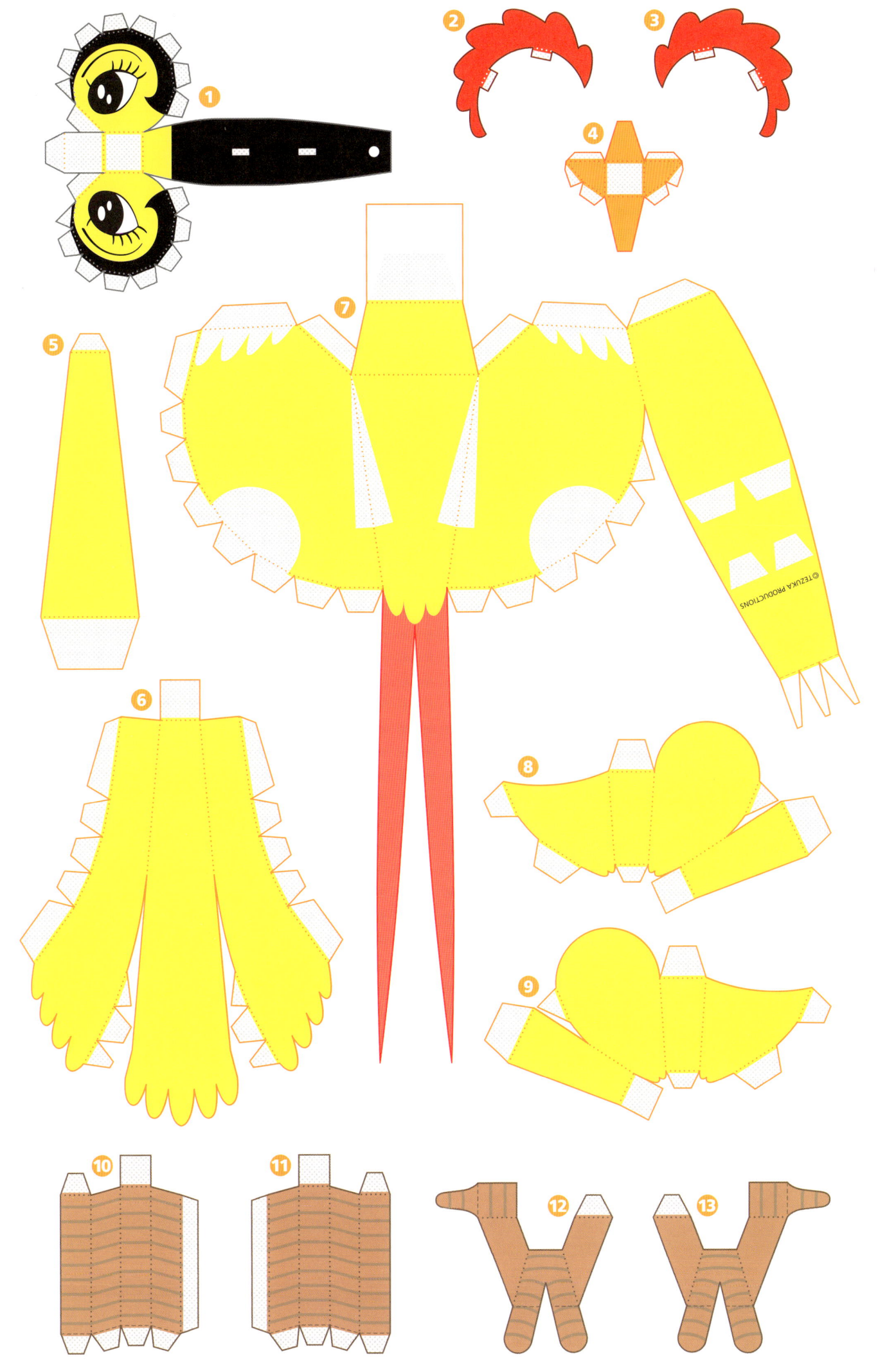

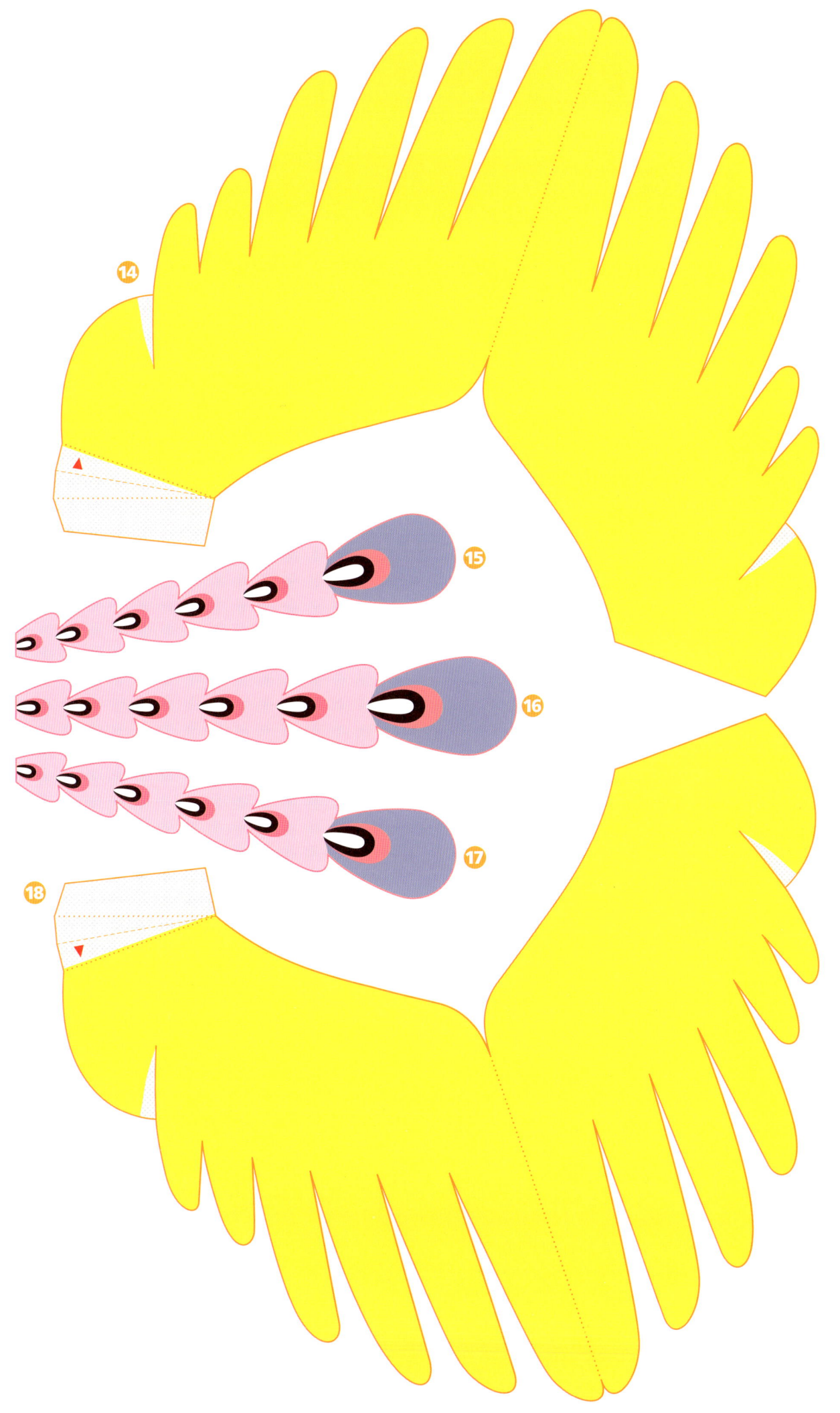

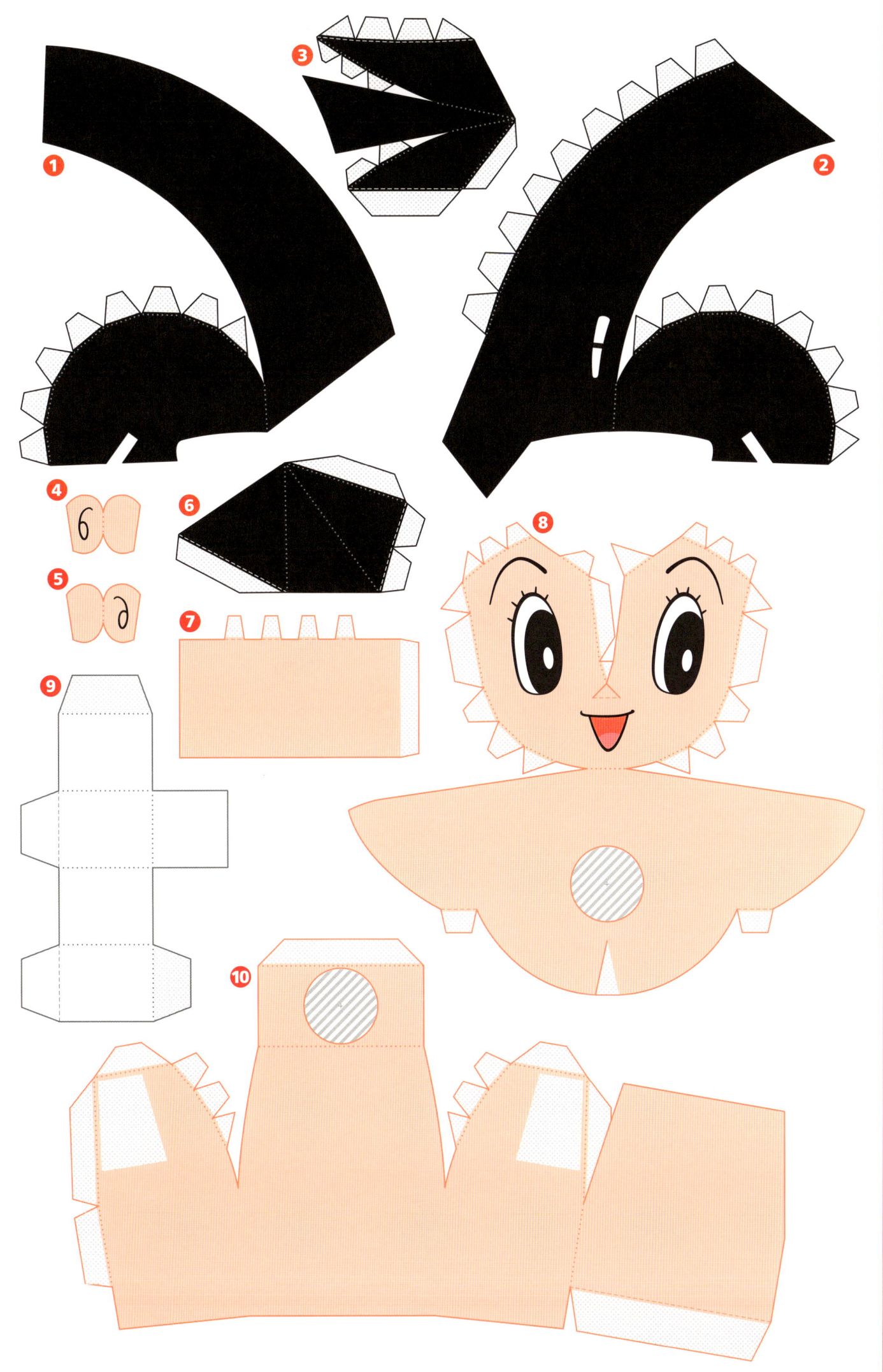

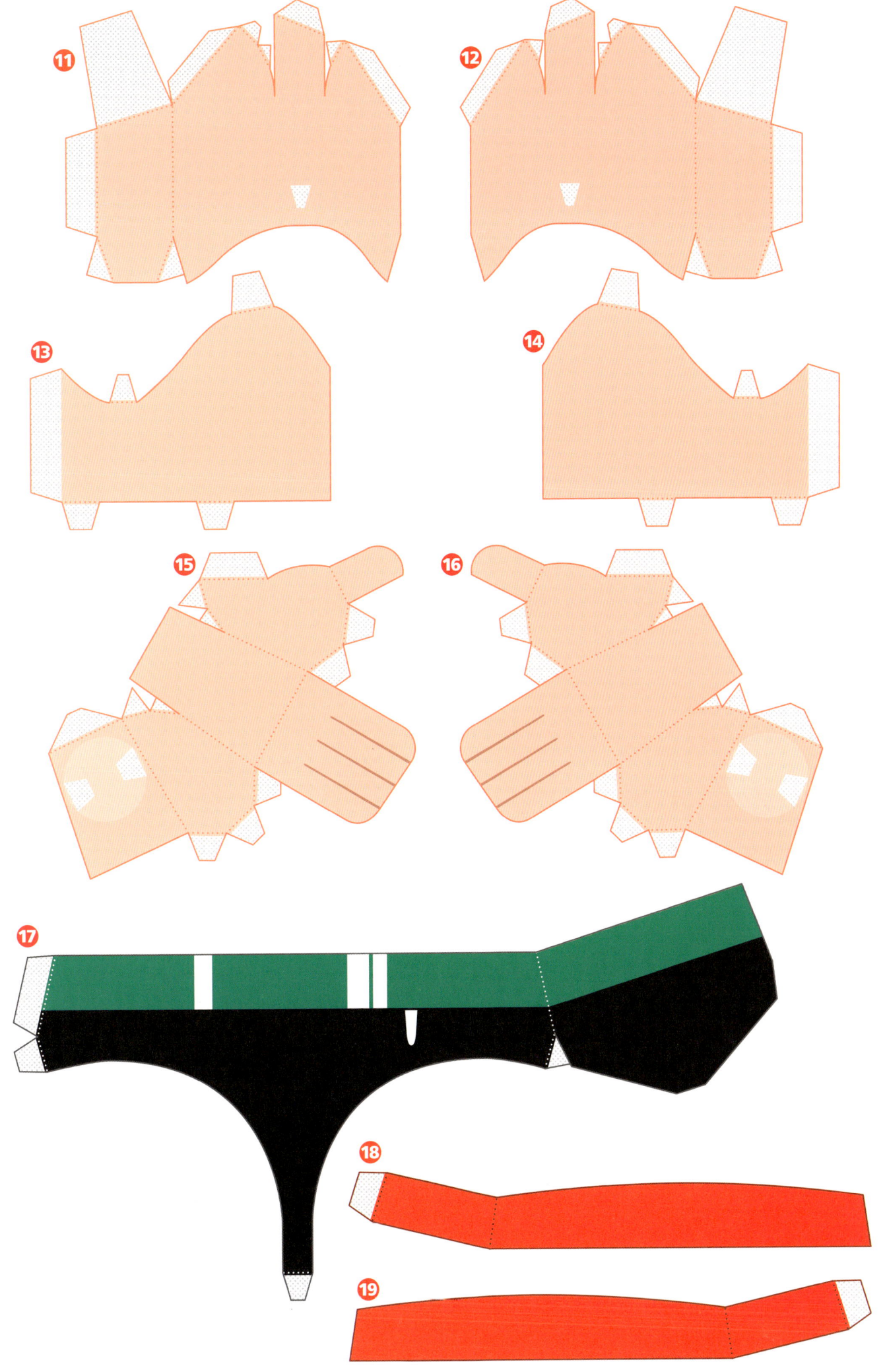

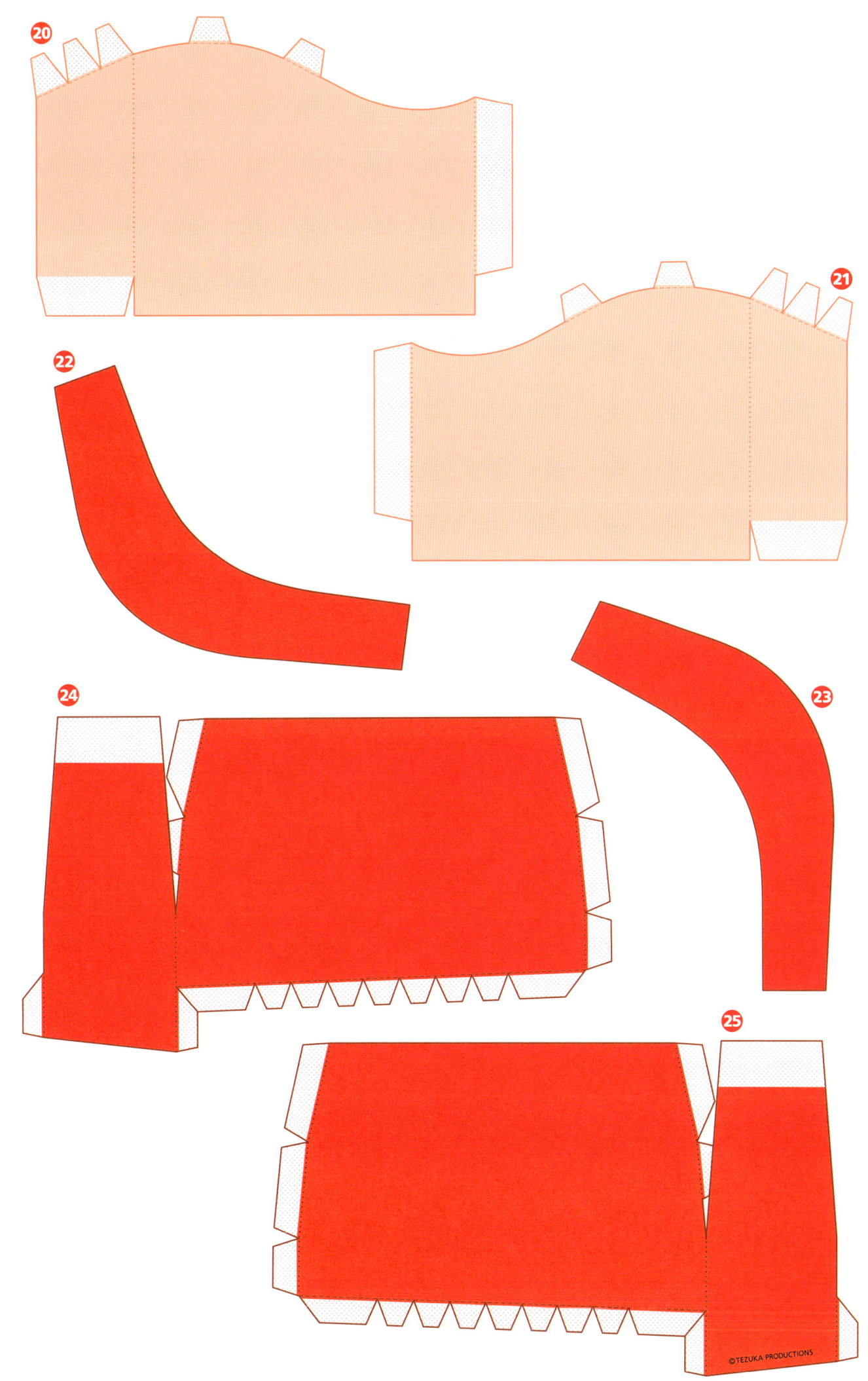